P9-EFG-403

RICHMOND HILL
PUBLIC LIBRARY

NOV 1 2 2014

RICHVALE
905-889-2847

BOOK SOLD
NO LONGER R.H.P.L.
PROPERTY

ERIK LE ROUGE

CONNAIS-TU ?

ERIK LE ROUGE

Textes : Johanne Ménard
Illustrations et bulles : Pierre Berthiaume

ÉDITIONS
MICHEL
QUINTIN

Catalogage avant publication de Bibliothèque et Archives nationales du Québec et Bibliothèque et Archives Canada

Ménard, Johanne

Erik le Rouge

2e édition.

(Connais-tu? ; 4)

Édition originale : 2010.
Pour enfants de 7 ans et plus.
ISBN 978-2-89435-696-8

1. Erik, le Rouge, activité 985 - Ouvrages pour la jeunesse. 2. Explorateurs - Scandinavie - Biographies - Ouvrages pour la jeunesse. 3. Vikings - Biographies - Ouvrages pour la jeunesse. I. Berthiaume, Pierre. II. Titre. III. Collection : Connais-tu? ; 4.

DL65.M46 2014   j948'.022092   C2014-940703-3

Design graphique : Marie-Ève Boisvert, Éd. Michel Quintin

Le Conseil des Arts du Canada / The Canada Council for the Arts	SODEC Québec	Patrimoine canadien	Canadian Heritage

La publication de cet ouvrage a été réalisée grâce au soutien financier du Conseil des Arts du Canada et de la SODEC. De plus, les Éditions Michel Quintin reconnaissent l'aide financière du gouvernement du Canada par l'entremise du Fonds du livre du Canada pour leurs activités d'édition.

Gouvernement du Québec – Programme de crédit d'impôt pour l'édition de livres – Gestion SODEC

Tous droits de traduction et d'adaptation réservés pour tous les pays. Toute reproduction d'un extrait quelconque de ce livre, par procédé mécanique ou électronique, y compris la microreproduction, est strictement interdite sans l'autorisation écrite de l'éditeur.

ISBN 978-2-89435-696-8

Dépôt légal – Bibliothèque et Archives nationales du Québec, 2014
Dépôt légal – Bibliothèque et Archives Canada, 2014

© Copyright 2014

Éditions Michel Quintin
4770, rue Foster, Waterloo (Québec)
Canada J0E 2N0
Tél. :   450 539-3774
Téléc. : 450 539-4905
editionsmichelquintin.ca

1 4 - W K T - 1

Imprimé en Chine

Erik Thorvaldsson, dit le Rouge, est un jeune homme fougueux.

Ses cheveux roux lui valent son surnom et son caractère bouillant lui mérite une réputation de bagarreur.

Erik n'est pas le seul querelleur dans la famille car, en l'an 960, il quitte sa Norvège natale avec son père banni pour meurtre.

Il a alors 15 ans. En accostant en Islande, sa patrie d'adoption, le jeune Viking découvre un pays rude et froid.

Sur cette terre où les arbres sont rares, les murs des maisons
sont recouverts de tourbe.

Au milieu de la grande pièce commune où brûle constamment le feu, toute la famille mange, s'affaire et dort.

Bientôt, Erik le Rouge devient un jeune adulte plein d'assurance et fonde à son tour une famille. Trois garçons et une fille viendront élargir le clan.

Les femmes veillent à l'organisation de la maisonnée. Les enfants ne vont pas à l'école.

Chacun apprend en accomplissant les tâches quotidiennes : nourrir les animaux, travailler aux champs, tisser la laine...

Les jeunes garçons trouvent cependant le temps de jouer avec des armes en bois, pratiquant déjà leur adresse pour les combats futurs.

Car les Vikings, paysans et marchands, sont aussi un peuple de guerriers. Bravoure et gloire sont à l'honneur.

Pendant les batailles, l'attaquant viking porte une cotte de mailles, un bouclier rond et des armes comme une épée, une hache ou une lance. Un casque de fer avec un nasal protège la tête et le nez du

guerrier. Contrairement à ce qu'on prétend souvent, cette coiffure n'est pas ornée de cornes.

Durant 300 ans, du 8ᵉ au 10ᵉ siècle, les guerriers du Nord mènent des raids dans les pays plus au sud, pillant et semant la terreur

partout où ils passent. C'est d'ailleurs de là que leur vient le nom Viking, qui signifie « raid ».

Au combat, les guerriers scandinaves s'en remettent à Odin, dieu de la guerre et de la mort. Monté sur son cheval volant à

huit pattes et accompagné de ses deux corbeaux espions, Odin apporte force et courage aux attaquants.

Grands navigateurs, les Vikings sont aussi d'habiles constructeurs de bateaux. Les fameux drakkars ou *langskips* qu'ils utilisent dans leurs expéditions guerrières sont de longs navires effilés, avec un

seul mât et un gouvernail sur le côté. La grande voile carrée est souvent rayée de larges bandes colorées.

Un dragon ou une autre créature légendaire orne la proue
du navire.

Cette bête terrifiante sert-elle à chasser les mauvais esprits ou plutôt à effrayer l'ennemi ?

Au pays, la vie s'écoule avec ses tracas et ses joies pour Erik le Rouge et sa famille. Les mois de dur labeur se succèdent,

entrecoupés quelquefois de grandes fêtes où l'on chante, l'on danse et l'on organise des concours de toutes sortes.

Puis, un jour de l'an 982, tout bascule. Le coléreux Erik tue deux voisins au cours d'une querelle.

Déclaré hors la loi et banni comme son père jadis, Erik le Rouge doit quitter l'Islande pour trois ans. C'est le châtiment suprême.

Prenant la mer avec sa famille, il arrive en vue d'une grande île montagneuse à laquelle il donne le nom de Groenland, le « pays vert », bien qu'une bonne partie en soit couverte de glace.

Pendant trois ans, Erik le Rouge explore le sud de l'île et ses fjords, en quête d'endroits propices pour installer des colonies.

Au terme de son bannissement, l'intrépide chef revient en Islande
pour convaincre d'autres colons de tenter eux aussi l'aventure et de

venir s'installer dans ce fameux « pays vert », un nom donné pour attirer les nouvelles recrues.

Vingt-cinq knarrs, de gros bateaux marchands, sont remplis à ras bord de bétail, de vivres et de matériaux de construction.

Seuls une quinzaine de knarrs arrivent à destination au Groenland, avec les 450 colons survivants.

La vie s'organise petit à petit dans deux colonies sur les côtes de la grande île aux montagnes glacées et aux pâturages verdoyants.

Moutons d'élevage, rennes, phoques et morses fournissent de quoi se nourrir.

Pendant les longs et rigoureux hivers, on se déplace en traîneau, mais aussi à ski et même en patins à glace.

Ces « jambes de glace » sont en fait des bottes de cuir auxquelles on attache des lames faites d'os de porc.

Le soir au coin du feu, on raconte des histoires où se mêlent batailles, dieux et rois.

C'est ainsi que les grandes sagas des Vikings sont transmises de génération en génération, oralement plutôt que par écrit.

Les enfants d'Erik le Rouge sont maintenant devenus des adultes.
Ils ont hérité de leur père son caractère intrépide et sa bravoure,

et rêvent à leur tour de découvrir de nouveaux territoires et de vivre des aventures extraordinaires.

Un jour, Leif Eriksson, un des fils, entend parler de nouvelles terres plus à l'ouest. Porté par son esprit d'aventure, Leif décide

de prendre la mer pour aller vérifier cette histoire et pousser plus loin l'exploration.

Une légende veut que, décidé à partir avec son fils, Erik le Rouge soit tombé de cheval sur la route qui mène au bateau.

Interprétant cet accident comme un mauvais présage, il choisit finalement de ne pas être du voyage.

Cinq cents ans avant Christophe Colomb, Leif navigue jusqu'aux côtes de l'Amérique du Nord, longeant probablement le Labrador

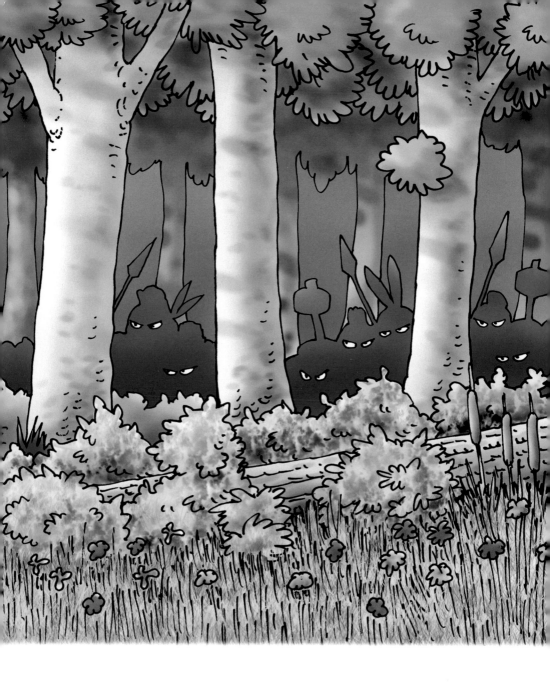

pour arriver à une terre verdoyante de pâturages et de forêts.
Il donne à ce nouveau territoire le nom de Vinland.

On pense que les vestiges de maisons retrouvés à L'Anse aux Meadows, à Terre-Neuve, seraient les restes d'une petite colonie

d'abord habitée par Leif et développée plus tard par son jeune frère Thorvald.

Erik le Rouge n'a jamais repris la mer pour faire de nouvelles découvertes, mais ses enfants ont tous suivi ses traces d'explorateur.

Si sa tombe a été entourée de pierres disposées en forme de bateau, comme tant d'autres de son époque, alors le voyage aura été sans tracas pour lui vers la terre de l'au-delà.

CONNAIS-TU AUSSI...

BARBE NOIRE

CLÉOPÂTRE

MARCO POLO

MAURICE RICHARD

TOUT EN **COULEURS**